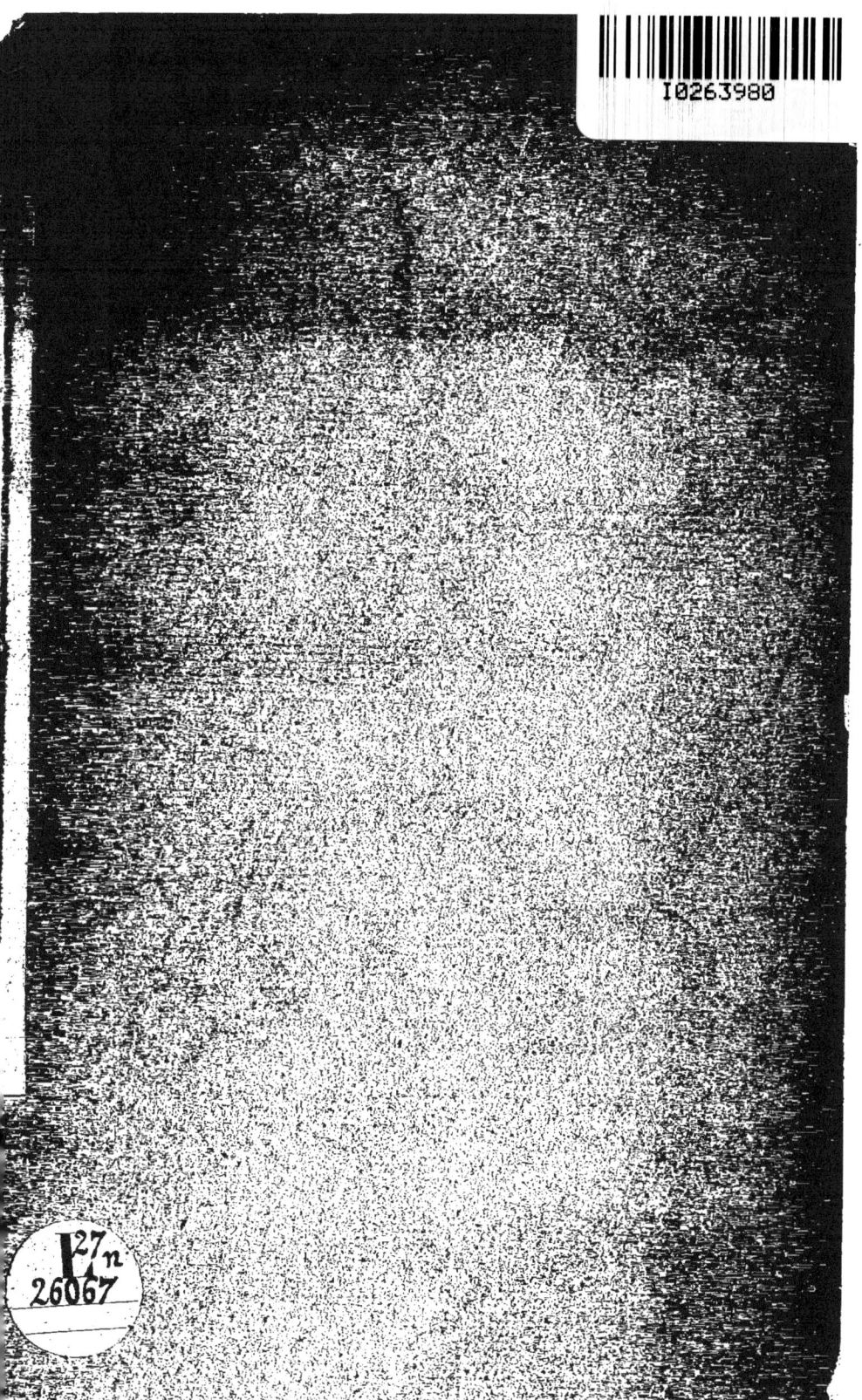

ÉLOGE HISTORIQUE

DE

JACQUES DE MATIGNON

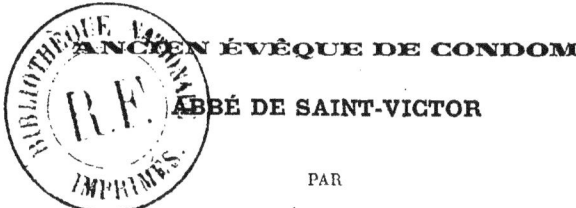

ANCIEN ÉVÊQUE DE CONDOM
ABBÉ DE SAINT-VICTOR

PAR

M. AMÉDÉE AUTRAN

VICE PRÉSIDENT AU TRIBUNAL DE PREMIÈRE INSTANCE

MEMBRE DE L'ACADÉMIE DE MARSEILLE.

MARSEILLE

IMPRIMERIE ET LITHOGRAPHIE Vᵉ Pʳᵉ CHAUFFARD

RUE DES FEUILLANTS, 20

1871

ÉLOGE HISTORIQUE

DE

JACQUES DE MATIGNON [1]

Conserver la mémoire des actions généreuses, c'est une des obligations de l'histoire, la plus douce peut-être qu'elle ait à remplir. En gardant précieusement ces souvenirs, les cités rendent un hommage mérité à ceux qui furent leurs bienfaiteurs. Ces exemples forment en outre un trésor d'enseignements et d'encouragements que les générations se transmettent l'une à l'autre. Ils servent aussi à faire mieux connaître l'esprit qui dominait dans les temps précédant notre âge, et les fruits que ces sentiments produisaient.

Sous l'inspiration de ces pensées, j'ai voulu essayer de retracer la vie de Jacques de Matignon, qui, dans Marseille, au commencement du siècle dernier, se rendit remarquable par ses abondantes libéralités et par la sagesse qui en dirigea l'emploi. Que ne puis-je, par ce simple récit, raviver et accroître la vénération qui s'attachait à son nom !

Jacques de Goyon de Matignon, évêque de Condom, et plus tard abbé de Saint-Victor, de Marseille, appartenait à une ancienne maison originaire de Bretagne et qui commence à figurer dans les annales de cette province vers l'époque des Croisades. Le chef de cette lignée, Etienne de Goyon, seigneur de la Roche et de Plévenon, épousait, en 1170, Luce de Matignon. Avant de partir pour la terre sainte, en mars 1185, il faisait, dans une charte, restitution de quelques terres à l'abbaye du Mont Saint-Michel [2].

C'est dans les armes que se distinguèrent principalement ses descendants. En 1552, Jacques Goyon de Matignon, bisaïeul du Prélat, dont

---

[1] Cette pièce a été lue le 6 juillet 1871, dans une séance particulière de l'Académie de Marseille.
[2] De la Chenaye des Bois ; *Dictionnaire de la Noblesse*, 2ᵉ édit., t. VII, p. 366.

nous nous occupons, assistait, à l'âge de vingt-sept ans, sous Henri II, à la prise de Toul, de Verdun et de Metz, nom qui fait aujourd'hui saigner nos cœurs, et il était sous Henri III nommé maréchal de France.

Le petit fils de ce guerrier, François Goyon de Matignon, comte de Torigni et de Gacé, marquis de Lonray, lieutenant-général de la Normandie et chevalier des Ordres, avait épousé Anne Malou de Bercy.

C'est de ce mariage que naquit Jacques Goyon de Matignon. Il reçut le jour le 16 mars 1643, suivant toutes probabilités, à Torigni près de Saint-Lô, en Normandie (1). C'est là qu'on voit encore ce qui reste du château de Matignon, résidence habituelle de ses parents.

Il faisait partie d'une nombreuse famille, car elle était composée de six fils et d'autant de filles. Il était lui-même le quatrième de ces fils. Le cadet, Léonor de Matignon, fut comme lui décoré de l'Episcopat. Le troisième, Charles, comte de Gacé, combattant à Senef, sous les ordres de Condé, reçut une blessure dont il mourut. Le cinquième, nommé aussi Jacques de Matignon, épousa l'héritière des ducs de Valentinois Grimaldi, et devint la souche d'une des branches de cette grande famille. Enfin, le plus jeune de ses frères, Charles-Auguste, comte de Gacé, fut maréchal de France vers la fin du règne de Louis XIV. Quant aux filles, quatre d'entre elles entrèrent dans des communautés religieuses sur les diocèses de Lisieux et de Bayeux. Des deux dernières, la plus jeune, Anne de Matignon, fut mariée en Bretagne au marquis de Nevet: l'autre appelée Marie Françoise, épousa Robert-Jean-Antoine de Franquetot, comte de Coigny, lieutenant-général. Leur fils, François, duc de Coigny, se distingua à Denain, et nommé maréchal de France, il gagna sur les impériaux, le 29 juin 1734, la bataille de Parme; puis, en septembre suivant, celle de Guastalla.

Jacques de Matignon appartenait donc à l'une de ces familles qui ont glorieusement inscrit leurs noms presque à chaque page de nos annales.

On aime à se représenter les personnages dont les actions nous intéressent. Un beau portrait, conservé par l'administration des hospices, nous offre l'image de l'abbé de Matignon. Il est représenté en costume épiscopal, assis et de grandeur naturelle. Sa taille svelte et bien prise paraît assez élevée. Ses traits sont fins et réguliers, sa physionomie ouverte et sympathique. Son attitude et son regard, qui ont quelque affinité avec la distinction et la douceur de Fénelon, répondent bien à son caractère tel qu'il ressort de sa vie entière.

Ce rayon d'intelligence ne correspond point, au contraire, avec ce que dit de lui Saint-Simon. *Fort homme de bien, mais rien au delà* : tel est le signalement qu'en deux mots il donne de lui (2). C'est à la fois un éloge et une épigramme. L'éloge est vrai, mais l'épigramme est-elle juste? Nous verrons tantôt si, dans son œuvre principale, Mgr de Matignon n'a pas donné la preuve d'une incontestable sagacité, en même temps que de l'a-

---

(1) Les biographes de Jacques de Matignon, en donnant exactement la date de sa naissance, se taisent sur son pays natal. Mais ses frères et sœurs sont nés à Torigny, trois seulement à Lonray dans les environs d'Alençon. Tout indique qu'il a dû naître lui-même à Torigny, que ses parents habitaient constamment.

(2) Saint-Simon, *Mémoires*. Edit. Paris 1829 ; t. IV, p. 86.

article où Saint-Simon ne parle de lui qu'incidemment, et dans d'autres passages où il revient encore sur la famille de Matignon, on le voit offusqué de l'élévation de cette maison dont la noblesse lui paraît bien inférieure à la sienne et qui était pourtant en plus beau chemin vers les mour le plus éclatant pour les sciences et les lettres. Du reste, dans cet honneurs. La jalousie trouble donc son jugement et altère les couleurs de sa palette.

Ce n'était pas dans les armes seulement que la famille de Matignon avait acquis son illustration. Déjà elle avait donné un évêque à l'Eglise. Léonor de Matignon, oncle paternel de l'abbé de Matignon qui fut commandeur de l'ordre du Saint-Esprit, occupa le siège de Coutances et plus tard celui de Lisieux (1).

Jacques de Matignon trouva donc dans sa famille des principes et des exemples qui formèrent son cœur et dirigèrent ses inclinations. Lorsqu'il commença ses études à l'âge de neuf à dix ans, il fut pourvu, en 1652, du Prieuré de Duplessis Grimoult, dans le diocèse de Bayeux (2).

Vers l'époque où il fut élevé au sacerdoce, son frère Léonor, qui depuis cinq ans environ occupait auprès de son oncle la place de doyen de l'église de Lisieux (3) lui céda cette dignité : ce frère était lui-même abbé de Lessay, aumônier de Louis XIV, et attaché à la maison du duc d'Orléans ; succédant à son oncle, il devint, le 14 mars 1677, évêque de Lisieux. Ce qui est remarquable, c'est que les mêmes sentiments de large bienfaisance, animaient les deux frères, Léonor et Jacques de Matignon. L'on vit en effet l'évêque de Lisieux fonder deux hôpitaux, élever deux séminaires, dans l'un desquels il institua des bourses pour l'entretien de vingt élèves, et à son décès, en 1714, il légua aux pauvres cinquante mille livres, « ne voulant pas, porte son « épitaphe, laisser à l'abandon par sa mort ceux qu'il avait nourris quand « il vivait » (4).

Devenu doyen de Lisieux le 21 avril 1666, Jacques de Matignon passa les années de sa jeunesse sous l'aile de sa famille.

A cette époque, Bossuet, qui comptait quinze ou seize ans de plus que l'abbé de Matignon, se trouvait dans la force de l'âge et arrivait à la pleine possession de son immense talent (5). Déjà, depuis plusieurs années, avaient jailli les éclairs de son éloquence. Dans le panégyrique de Saint Paul, l'énergie de sa parole, les élans de son enthousiasme avaient annoncé que notre langue allait avoir un maître et la France posséder le plus grand des orateurs. Les chaires de Paris, celle du Louvre avaient tour à tour retenti de ses accents. Sa pensée toujours profonde, son tour inattendu et saisissant révélaient toutes les puissances de son âme. Toutefois ce n'était jusque là que par jets qu'éclatait son éloquence ; elle ne s'était point encore élancée jusqu'aux hauteurs où elle plana depuis. Ses

(1) De la Chenaye, t. VII, p. 365. *Gallia Christiana*, t. II, p. 811.
(2) *Gallia Christiana* ; t. II, p. 543.
(3) *Gallia Christiana* ; t. II, p. 812.
(4) Pauperes hæredes reliquit, ne quos vivens aluerat, moriens desereret. *Gallia Christiana* ; t. II, p. 808.
(5) *Hist. de Bossuet*, par Monseigneur de Bausset, liv. II et III.

contemporains, en admirant ce qu'il était déjà, pressentaient ce qu'il deviendrait un jour. Sa vie et son caractère répondaient à ces nobles qualités. Son autorité déjà était grande. C'est à ce moment qu'il fut nommé, le 13 septembre 1669 à l'évêché de Condom, siège important sur les limites de la Guienne. Cette nomination était toute récente et il n'était pas encore sacré lorsqu'il prononça, le 16 novembre de la même année, la magnifique oraison funèbre de la reine d'Angleterre, et environ neuf mois après, celle d'Henriette d'Orléans, autre chef-d'œuvre. L'émotion que produisirent ces deux discours alla jusqu'à l'enthousiasme et, moins d'un mois après, Louis XIV le chargea de l'éducation du Dauphin. Bossuet se préparait alors à son sacre qui eut lieu le 21 septembre 1670. Mais les devoirs que lui imposaient ses fonctions de précepteur, ne lui permettaient pas de se rendre dans son diocèse. Il y envoya pour l'administrer en son nom, l'un de ses parents, l'abbé de Janon, ecclésiastique d'un grand mérite. Bossuet cependant n'était pas homme à se faire illusion sur ses obligations. Il comprit que celles de sa charge et celles de son épiscopat étaient incompatibles. Aussi, le 31 octobre 1671, il se démit de l'évêché de Condom. C'est à la même date que l'abbé de Matignon fut nommé son successeur en cédant le prieuré du Plessis Grimoult dont Bossuet fut pourvu à sa place (1).

Les Bulles tardèrent assez longtemps d'être expédiées; ce fut en septembre 1673, dans l'église des Chartreux, à Paris, que Jacques de Matignon fut sacré par Bossuet lui-même, assisté de M. de Rochechouart, évêque d'Arras et de M. de Simiane de Gordes, évêque de Langres. (2).

On aime à arrêter ses regards sur cette scène remarquable. N'est-ce pas en effet un rapprochement digne d'intérêt ? En face de la majesté de Bossuet, la douceur et la distinction de l'abbé de Matignon : chez l'un, le savoir, l'éloquence et le génie s'élevant jusqu'au sublime ; chez l'autre, la modestie, la bonté, la charité s'abaissant jusqu'à l'abnégation ; en tous les deux, la piété et la plus solide vertu : ensemble ils résument ainsi les qualités habituelles du clergé français dont ils sont les représentants éminents.

Pendant vingt ans, Jacques de Matignon gouverna l'église de Condom (3). Il édifia son diocèse par sa vie pieuse et il commença à donner cours à cet esprit de charité qui dominait en lui. Il fournit des fonds pour la célébration quotidienne d'une messe dans sa cathédrale. Il établit une fondation abondante pour l'entretien dans son séminaire de six élèves qui devaient être nés à Condom. Se refusant tout à lui-même, il consacrait son avoir presque entier aux pauvres et aux besoins des églises de son diocèse. C'est ce que nous rapporte l'historien qui, dans les pages de la *Gaule Chrétienne*, a résumé les actes de son épiscopat (4). Cette

(1) *Histoire de Bossuet*, liv. III. § 10, t. I. p. 267.
(2) *Gallia Christiana*, t. II. p. 973.
(3) Dans le cours de son épiscopat, il fut en rapport avec Mascaron, évêque de Tulle ; il obtint de lui et du chapitre de sa cathédrale des reliques de Saint Lô. *Gallia Christiana*, t. II, p. 865.
(4) Sibi admodùm parcus, ferè omnia sua ecclesiis et pauperibus tribuere pergit piissimus præsul. *Gallia Christiana*, t. II, p. 974.

libéralité qu'il déploya dans Marseille sur une si vaste échelle, déjà il l'exerçait à Condom.

Parvenu à l'âge de cinquante ans, il crut qu'il ne pourrait désormais que difficilement suffire aux soins de sa charge pastorale. Il s'en démit au mois de septembre 1693, et il fut pourvu de l'abbaye de Foigny dans le diocèse de Laon (1).

C'est dix ans après qu'en résignant son bénéfice, il fut nommé, le 7 septembre 1703, abbé du monastère de Saint-Victor à Marseille (2).

L'illustration de cette abbaye est incontestée dans l'histoire. Elle était considérée comme la plus antique des Gaules et même de tout l'Occident. Jean Cassien, qui fut disciple de saint Jean Chrysostôme et que l'Eglise vénère comme saint, fonda cet ordre religieux vers l'an 410 et il établit ce monastère au-dessus des catacombes qui, dans les premiers âges du christianisme, avaient servi aux assemblées des fidèles ainsi qu'à la sépulture de nombreux martyrs. La sainteté de ce lieu, les vertus des cénobites qui l'habitaient, obtinrent bientôt une vénération universelle.

Dans les idées communément répandues aujourd'hui, on se représente les religieux comme des hommes qui vivaient dans l'oisiveté, adonnés à des pratiques contemplatives, et ne contribuant en rien à la marche des siècles. Ces opinions, bien éloignées de la réalité, ne sont nullement partagées par ceux qui ont fait une étude sérieuse des monuments des temps passés. M. Guizot, qui a recherché avec tant d'exactitude les origines de nos développements modernes, considère au contraire ces grands centres religieux comme le berceau d'où est sortie cette civilisation dont nous sommes si fiers. C'est en parlant des abbayes de Saint-Victor et de Lérins qu'il s'exprime ainsi dans son *Cours d'histoire moderne:*

« En Occident, les monastères ont commencé par la vie commune,
« par le besoin non de s'isoler, mais de se réunir. La société civile était
« en proie à toutes sortes de désordres : nationale, provinciale ou muni-
« cipale, elle se dissolvait de toutes parts ; tout centre, tout asile man-
« quait aux hommes qui voulaient discuter, s'exercer, vivre ensemble ;
« ils en trouvèrent un dans les monastères. La vie monastique n'eut
« ainsi en naissant ni le caractère contemplatif, ni le caractère solitaire.
« Elle fut au contraire très-sociale, très active. *Elle alluma un foyer de*
« *développement intellectuel* » (3). — L'illustre professeur est tellement frappé des résultats de ses recherches, qu'il y revient encore dans une autre leçon : « En Occident, dit-il, surtout dans la Gaule méridionale, où
« furent fondés, au commencement du cinquième siècle, les principaux
« monastères, ce fut pour vivre en commun, dans un but de conversation
« comme d'édification religieuse, que se réunirent les premiers moines.
« Les monastères de Lérins, de Saint-Victor et plusieurs autres furent
« surtout de grandes écoles de théologie, des foyers de mouvement in-
« tellectuel » (4).

(1) *Gallia Christiana*, t. IX, p. 633.
(2) *Gallia Christiana*, t. II, p. 974.
(3) Guizot, *Cours d'Histoire moderne*, t. I. 154.
(4) Guizot, *Cours d'Histoire moderne*, t. II, p. 55.

Faut-il, d'après ces faits, s'étonner de voir sortir de l'abbaye de Saint-Victor tant de personnages remarquables ? Parmi les religieux ou les abbés qui furent à leur tête, on compte plusieurs saints, notamment saint Mauront, saint Honoré II, (l'un et l'autre évêques de Marseille), et saint Isarne ; deux papes : Urbain V, qui fut un grand homme et que, sur les instances de notre vénérable évêque, l'Eglise vient d'inscrire sur le catalogue des saints, et Clément VII, qui appartenait à la famille des Médicis; douze cardinaux et plus de trois cent archevêques ou évêques, dont quelques-uns furent élevés sur le siége de Marseille (1). Si plusieurs de ces religieux appartenaient à de grandes familles, il convient toutefois d'observer que ce n'est qu'au milieu du siècle dernier, et à partir de l'édit du 16 janvier 1739, transformant l'abbaye en simple chapitre que la noblesse devint un titre nécessaire pour l'admission (2).

Sur une liste si honorable, Jacques de Matignon était bien digne de figurer.

Nous ne savons pour quel motif ses bulles tardèrent bien longtemps d'être expédiées. Elles ne lui arrivèrent qu'au mois d'août 1708, et il les envoya avec sa procuration à Charles Cipriani Saint-Savournin, religieux hôtelier de l'abbaye et prieur de Manosque, pour prendre possession en son nom. Cette cérémonie se fit avec une certaine pompe le huit septembre suivant (3). Les échevins et consuls, les commandants des citadelles de Saint-Nicolas et de Saint-Jean, et une foule énorme y assistèrent. Charles Cipriani écrivit ensuite à M. de Matignon pour le prier de faire connaître le jour de son arrivée, afin qu'on le reçût comme le méritait sa dignité d'abbé de Marseille, ayant une juridiction épiscopale sur une grande portion de ce district, et comme on l'avait fait, du reste, pour ses illustres prédécesseurs. Mais Jacques de Matignon était ennemi du faste, au point d'éviter même les honneurs qui lui étaient dus. Aussi répondit-il qu'il ne voulait aucune réception et qu'il arriverait lorsqu'on l'attendrait le moins. C'est ce qu'il fit ; il entra dans Marseille le 27 décembre suivant, à neuf heures du soir, sans qu'on en fut averti, et il descendit chez l'intendant, M. de Montmort, son parent. De là il se rendit à l'église de Saint-Victor, à l'heure des matines, et il se trouva le premier au chœur. Les religieux, apprenant sa présence, s'y rendirent avec empressement, et, après l'office, lui rendirent leurs devoirs. Le lendemain matin, ils se présentèrent en corps devant lui, et le sous-prieur de l'abbaye, Blaise Bremond, le complimenta. L'abbé de Matignon répondit avec beaucoup de tact et d'esprit, et après avoir assisté à la messe, qui fut célébrée avec solennité, il prêta serment de faire observer et garder tous les priviléges de l'abbaye, ses statuts et louables coutumes.

Aussitôt après son installation, il s'occupa d'introduire des réformes qu'il jugeait nécessaires. Une longue durée, la prospérité, même celle obtenue par le mérite, sont presque toujours des causes de décadence;

(1) Archives de St-Victor, à la préfecture des Bouches-du-Rhône. Regist. 35 bis. Requêtes précédant les lettres patentes du 20 juillet 1709.
(2) Ibid.
(3) Archives de Saint-Victor, regist. 35 bis, dernière pièce intitulée : *Mémoire nécessaire.*

tel est l'effet à peu près inévitable de la faiblesse humaine. Une institution comptant treize siècles d'existence n'avait pu conserver toujours le même éclat, la même régularité. Ces tours colossales, ces hautes murailles dont Urbain V avait, en 1365, entouré le monastère, produisaient des ombres presque perpétuelles. Ces vastes bâtiments, datant de plusieurs siècles, n'étaient nullement agréables à habiter. Plusieurs religieux avaient donc pris leur résidence hors de cette enceinte. Ils possédaient de riches bénéfices dont ils croyaient pouvoir disposer comme de biens personnels. Quelques-uns, différant même d'entrer dans les ordres sacrés, ce qui les aurait soumis à une vie plus retirée, prolongeaient fort longtemps leur noviciat. M. de Matignon résolut de supprimer ces abus, et, pour y parvenir, il commença par prêcher d'exemple.

Sa demeure abbatiale était située au nord et en contrebas du monastère. Elle prenait entrée sur la place que décore aujourd'hui une fontaine surmontée d'une colonne antique à cannelures torses. Elle occupait l'espace que couvrent maintenant une fabrique de savon et quelques constructions. Ces bâtiments vastes, sombres et froids, n'ayant reçu depuis des siècles aucune amélioration, tombaient de vétusté. M. de Matignon y établit cependant sa résidence, même pendant la saison rigoureuse de l'hiver. Il prenait ses repas à la table commune, et il assistait dans le chœur aux offices, aux heures même les plus gênantes. Ses projets néanmoins rencontrèrent une opposition sérieuse. L'ordre se composait de quarante ecclésiastiques, dont un abbé, dix-sept dignitaires, et vingt-deux simples religieux. Le prieur, les autres dignitaires et un grand nombre de religieux résistèrent aux excellents desseins de M. de Matignon. Quelques-uns seulement des membres de cette communauté comprirent combien étaient justes les sentiments qui l'animaient, et dans leur requête, qui appuyait la sienne, on aperçoit l'effet qu'avaient produit sur leurs cœurs ses vertus exemplaires. Le débat fut déféré au conseil d'Etat et, le 20 juillet 1709, furent rendues des lettres patentes qui, en faisant droit à sa demande, contenaient les dispositions les plus sages (1). La résidence continue dans le monastère et la table commune y furent prescrites. Les abus, quant à la disposition des biens, furent écartés ; la durée, et la forme du noviciat furent réglées, et des mesures furent ordonnées pour que l'étude prît une place considérable parmi les occupations des novices. Les désirs de M. de Matignon seraient allés plus loin encore. Il aurait voulu introduire dans son abbaye, qui suivait la règle de saint Benoît, les sévères coutumes de la communauté de saint Maur et ces habitudes laborieuses qui lui ont acquis, en ce qui touche les recherches historiques, une renommée si bien établie. Cette fois un grand nombre de religieux de Saint-Victor adoptèrent ses idées, mais elles rencontrèrent des obstacles puissants. La municipalité même de Marseille prit fait et cause pour les combattre, et le motif qui la faisait agir est assez singulier. On craignait que des religieux trop exacts dans leurs investigations ne vinssent troubler certaines familles dans la pos-

(1) Lettres patentes du 20 juillet 1709, et requêtes précédant le dispositif, archives de Saint-Victor, regist. 35 bis.

session de terres que des membres de l'Abbaye leur avaient indûment transmises. Ces pensées intéressées triomphèrent et un arrêt du parlement de Provence à la date du 4 décembre 1716, repoussa cette amélioration (1).

Vers la même époque, une question de préséance entre l'abbé de Matignon et Mgr de Belsunce fut tranchée en faveur de l'Evêque de Marseille par un autre arrêt du Parlement du 21 juin 1715 (2). On trouve encore quelques traces de cette rivalité dans des lettres qu'écrivit Mgr de Belsunce à l'un de ses amis, M. Capus archivaire de la ville, à l'occasion de la cérémonie votive pour la cessation de la peste en 1720 (3). Faut-il s'étonner de ces légers dissentiments entre hommes si bien faits pour s'estimer, lorsqu'on songe que chacun d'eux regardait certainement comme une obligation rigoureuse la charge de défendre les prérogatives de sa dignité ?

Nous avons cru ne pas devoir passer sous silence les soins apportés par M. de Matignon dans l'administration de son abbaye ; mais c'est surtout dans l'exercice de sa générosité que nous aimons à le contempler.

Le nombre des infortunes qu'il soulageait était infini, car il y consacrait presque en entier ses revenus, qui étaient très considérables ; mais le secret aurait tout enseveli si des circonstances particulières ne fussent venues révéler quelques-unes de ses libéralités plus remarquables.

Ainsi chaque année, le premier jour de l'an, il donnait aux pauvres cinq mille livres, qui étaient distribuées moitié à ceux de la ville, moitié à ceux qui résidaient sur les terres dépendant de l'abbaye. Il ne voulut pas qu'à sa mort, ils fussent tout à coup privés de cette ressource sur laquelle ils s'étaient accoutumés à compter et, dans ses dernières dispositions, il ordonna que cette distribution aurait lieu encore l'année qui suivrait son décès. Ce fut ainsi que l'on connut ces étrennes si bien imaginées (4).

Depuis quelque temps, dans la ville de Marseille, qui s'est toujours distinguée par sa bienfaisance, une fondation d'un nouveau genre venait d'être créée. Un simple prêtre et un bourgeois avaient été touchés de la détresse d'un paralytique incurable qu'on déposait sur la voie publique à la Porte-d'Aix pour y recevoir les secours des passants, car aucun hospice ne s'ouvrait aux infortunés atteints de maux inguérissables. Ces deux généreux chrétiens résolurent de lui venir en aide et de secourir aussi ceux qui se trouveraient dans une si déplorable situation. Ils en parlèrent à des personnes partageant leurs sentiments. On loua dans le faubourg Saint-Lazare, une petite maison où ce paralytique et quelques

---

(1) Augustin Fabre, *Rues de Marseille*, t. IV, p. 461 et suivantes. Art. abbaye de Saint-Victor ; délib. du cons. municipal, 2 déc. 1716 ; lettre des échevins de Marseille, 4 mai 1719.

(2) Augustin Fabre, *Rues de Marseille*, t. IV p. 444.

(3) Ces lettres, en date des 13, 16 et 17 octobre 1720, sont en la possession de M. Segond Cresp, avocat ; elles sont insérées dans l'*Histoire des actes du Conseil municipal de Marseille*, par MM. Méry et Guedion, t. VI, p. 153 et suivantes.

(4) Testament de Jacques de Matignon, du 23 mars 1725, archives Saint-Victor, n° 645.

autres furent placés (1). Ceci se passait en 1700. Cette œuvre eut un succès rapide et merveilleux. En 1711, l'on éleva un véritable hospice uniquement alimenté par les ressources des particuliers. Ces bâtiments existent encore ; c'est le vaste édifice servant aujourd'hui de caserne qui s'élève derrière la halle Puget, au coin de la rue des Incurables. Les personnes fortunées de Marseille se faisaient un honneur et un devoir, ou isolément, ou en réunissant leurs secours, d'y entretenir des lits au service des paralytiques. La fondation d'un lit coûtait 3,300 livres. M. de Matignon en fonda tout d'abord sept, et comme dans le bien qu'il faisait, il avait soin d'écarter toute attache, tout goût personnels, il voulut laisser aux Consuls de la cité le droit de désigner les malheureux qui successivement viendraient occuper ces lits. Mais sa pensée ne s'éloigna pas pour cela de cette sainte maison, et à sa mort il y fondait un huitième lit. Quoique cet établissement ne fût soutenu que par les dons particuliers, en dehors de toute action municipale, sa prospérité non seulement se maintint, mais elle fut toujours croissant. A la fin du dernier siècle, il y existait cent soixante six lits; et dans le budget, l'actif dépassait le passif de plus de 369,000 fr. A cette époque, malgré les observations du conseil de la commune, cette œuvre de charité fut, comme les autres, réunie aux hospices. On dut suppléer à la maison des Incurables par l'affectation aux paralytiques de deux salles dans l'hospice de la charité, l'une pour les hommes, l'autre pour les femmes, mais les besoins généraux faisaient en quelque sorte passer au second plan ce service particulier. En 1801, les Incurables n'occupaient à la Charité que quarante trois lits, et en 1817 ils n'en avaient même que dix-huit (2). Telle était la situation des malheureux paralytiques, lorsque les frères de Saint-Jean-de-Dieu sont venus dans Marseille exercer envers eux leur dévouement. L'on sait quel bien ont produit leurs pieux efforts, quel succès les a couronnés.

C'est en 1719, que M. de Matignon réalisa la fondation qui fut son œuvre principale, et à laquelle la reconnaissance publique voulut attacher son nom : la création des bourses au collège de l'Oratoire à Marseille (3).

Nos pères, s'adonnant avec ardeur au commerce qui faisait leur prospérité, ne s'étaient pourtant jamais laissé absorber par les intérêts matériels. Dans tout le cours de leur histoire, on les vit se rendre remarquables par les sentiments religieux et ils ne négligèrent jamais non plus la culture de l'intelligence. Il serait superflu de rappeler que dans l'antiquité, l'Université ou Académie établie à Marseille mérita des éloges unanimes, et Tacite félicitait Agricola d'avoir fait ses études dans cette ville, qui unissait alors à la politesse grecque une sage modestie dans les mœurs (4).

(1) Augustin Fabre, *Histoire des Hôpitaux de Marseille*, t. II, p. 82. — Grosson, *Annuaire* 1770, p. 95.
(2) Registre des délibérations de l'administration des hospices du 17 mai 1817 au 7 décembre 1818 : séance du 9 février 1818.
(3) Grosson, *Annuaire* 1770, p. 194 et années suivantes.
(4) Arcebat enim ab illecebris peccantium præter ipsius bonam integramque naturam, quòd statim parvulus sedem ac magistram studiorum Massiliam habuerit, locum græcâ comitate et provinciali parcimoniâ mistum ac benè compositum, Tac. *Agricola*. IV.

Pendant le moyen-âge, le monastère de Saint-Victor fut, dans notre cité, nous l'avons dit, le centre d'un grand rayonnement intellectuel. A l'époque des Croisades, Marseille, par sa position, se trouva mêlée à tous les mouvements que cette grande émigration produisit dans l'échange des idées et dans les conceptions de l'industrie. Viennent ensuite les temps de la Renaissance. Dès les commencements du XVe siècle, paraissent dans nos archives municipales les traces d'un enseignement communal (1). La ville se préoccupe du choix d'un homme docte pour diriger les études de la jeunesse. Si l'on ne peut remonter plus haut, c'est que, probablement, dans des temps si reculés, bien des titres se sont perdus ; mais à partir de 1440, les documents se suivent. Une délibération du 4 juillet 1543 nous fait connaître explicitement la nature de cet enseignement. Le régent du collège, M. Antoine Bellaud, venait de remporter cette place au concours où il avait été reconnu comme *le plus suffisant en toutes sciences et bonnes espérances*. La commune lui imposa l'obligation d'avoir *trois bacheliers de bon exemple et bien morigénés, un pour les petits enfants et les autres deux pour les grammairiens et les humanistes*. L'enseignement, entièrement gratuit pour les Marseillais, comprenait la grammaire, la poésie, et l'art oratoire. C'est sur les mêmes bases que fut longtemps donnée, dans notre ville, l'instruction publique et gratuite. On remarque comme régents du collège, en 1570, François Lantelme, bachelier en médecine de la Faculté de Paris, et en 1614, Jean Lantelme, docteur en droit. En 1617, le conseil municipal se préoccupait de reconstruire son ancien collège, existant depuis un siècle sur la rue Ste-Marthe. Ce fut donc en cette année que l'on commença à élever, sur les flancs de la montagne des Grands-Carmes, ce vaste édifice qui ne fut achevé qu'en 1635, et dont nous avons vu subsister les ruines jusqu'à ces derniers temps. Pendant sa construction, le collège était provisoirement établi dans l'ancien hôpital de Saint-Jacques-de-Gallice, près de l'église Saint-Martin. Depuis longtemps la municipalité aspirait à donner à l'enseignement de la jeunesse marseillaise plus de développement et plus de fixité, en confiant sa direction à un corps religieux. On avait d'abord pensé aux pères Minimes, et l'on consulta à ce sujet le président Du Vair, mais ce projet n'eut pas de suite. A cette époque, Pierre de Bérulle venait de fonder à Paris la congrégation des prêtres de l'Oratoire, destinée surtout à l'éducation de la jeunesse. Créé en 1611, cet institut avait obtenu de rapides développements. Des maisons n'avaient pas tardé à s'établir à Aix, à La Ciotat, à Toulon. Le 18 février 1625, le conseil municipal de Marseille reçut une pétition, par laquelle MM. de Bausset, Nicolas Perrin et Delestrade, commissaires des écoles, demandaient que le collège de la ville fut confié aux prêtres de l'Oratoire. Le premier consul de la ville, Louis de Vento, soutint énergiquement ce vœu, et le conseil, à l'unanimité, le ratifia séance tenante. Le 26 du même mois, le contrat réalisant cette mesure fut passé entre les consuls et le père Pierre de Coreys, supérieur de l'Oratoire de Marseille. Cette congrégation fut donc mise en possession du collège alors établi dans l'hôpital

---

(1) Augustin Fabre, *Anciennes Rues de Marseille*, p. 229 et suiv.

de Saint-Jacques-de-Gallice et transféré, en 1635, dans le local de Sainte-Marthe, où il est resté jusqu'au 6 novembre 1782.

Je n'ai point à faire ici l'éloge de la congrégation de l'Oratoire ni à rappeler les hommes célèbres qui sont nés de son sein. Je m'attache uniquement au collège de Marseille et je ne veux rien dissimuler. Il n'est que trop vrai qu'à la fin du siècle dernier, quelques membres de cette maison donnèrent le spectacle des plus affligeantes défaillances. Il faut reconnaître aussi que, dans les questions religieuses qui furent agitées pendant ce même siècle, plusieurs montrèrent peu de docilité et trop de lenteur à écouter la voix de l'Eglise. Mais, pour bien juger la force et la vigueur d'une organisation, ce n'est point dans l'état de maladie qu'il la faut seulement considérer, et encore moins quand ces altérations ont surtout pour cause ces miasmes qui à de certains temps surgissent et étendent leurs ravages partout où atteignent leurs influences pernicieuses. Il en est au moral comme au physique : ce n'est point dans ces moments d'affaissement qu'il faut considérer un corps pour le juger, c'est sur l'ensemble de sa vie, c'est sur son épanouissement, dans ce qu'il a produit. Si l'on porte sur la congrégation de l'Oratoire, à travers la carrière qu'elle a parcourue, ce coup d'œil élevé, on n'aura pas de peine à reconnaître que cette compagnie a pour sa part contribué à l'honneur de la religion, en répandant les bienfaits d'une éducation chrétienne et littéraire. La maison de Marseille peut à bon droit se faire gloire d'avoir formé par son enseignement plusieurs personnages remarquables. On doit citer entre autres : l'historien de Marseille, Louis-Antoine de Ruffi ; l'évêque de Tulle, Mascaron ; le saint et savant aveugle Malaval ; les naturalistes Darluc et Jean-André Peyssonnel ; le frère de ce dernier, Charles Peyssonnel, avocat, l'un des fondateurs de notre Académie ; le savant abbé Barthélemy ; Grosson, qui recueillit tant de document précieux pour notre histoire locale ; l'auteur du *Voyage littéraire en Grèce*, Pierre-Augustin Guys ; l'éminent Portalis, l'un des auteurs du Code civil. Si l'enseignement des Oratoriens se fit remarquer par la pureté de leur goût littéraire, ils ne réussirent pas moins à inculquer profondément dans le cœur de leurs élèves les principes religieux qui plus tard devaient diriger leur conduite. J'éprouve un véritable plaisir au souvenir de ces hommes que Marseille, dans la première moitié de notre siècle, entourait de ses respects et qui avaient reçu leur éducation dans le collège de l'Oratoire. Qu'on me permette d'en citer au moins quelques-uns : MM. Jean Luce, Hilarion de la Boulie, Bruno Rostan, Sauvaire, de Magalon, Pierre-Marie Emérigon, Antoine-Joseph Allard, Terris, Raimond, Verdillon, Hermitte, et l'abbé Jean-Joseph Allemand, de sainte mémoire (1). Ainsi bien des familles de notre cité doivent faire remonter à cette source religieuse les traditions qui se perpétuent en elles et qui font leur honneur.

---

(1) Augustin Fabre, *Anc. Rues*, p. 275 et suivantes. Manuscrit à la Bibliothèque de Marseille, contenant les noms d'un grand nombre d'élèves du collège de l'Oratoire.

Pendant près de deux siècles, les Pères de l'Oratoire formèrent donc par leur enseignement la plus grande partie de la jeunesse de Marseille. Moyennant une mince subvention fournie annuellement par la ville et qui n'était que de deux mille quatre cents livres, l'admission des externes était absolument gratuite. Quant aux internes, ils étaient peu nombreux. Quoique les bienfaits de l'instruction vinssent ainsi s'offrir comme d'eux mêmes ; au milieu d'une population vouée au commerce et dominée par le désir trop précoce du profit, un grand nombre d'élèves désertaient les classes après la troisième ; assez peu achevaient la rhétorique, mais qui est-ce qui songeait à continuer au-delà de ce terme ? L'abbé de Matignon, par une conception vraiment digne de son cœur généreux, voulut encourager la jeunesse à terminer les études ordinaires et à suivre pendant deux ans encore des cours supérieurs. Les dispositions qu'il arrêta dénotent un sens parfaitement droit, l'esprit le plus sagement libéral et l'amour le plus éclairé pour la diffusion de bienfaisantes lumières. Animé de ces sentiments, il fonda treize bourses pour autant d'élèves internes qui, pendant deux années, suivraient au collège de Marseille les cours de logique et de physique. Ils étaient entièrement défrayés et d'après la rente que comportait cette fondation, il y a lieu de calculer qu'elle dut coûter à son auteur au moins cent cinquante mille livres. Les élèves étaient remplacés par moitié chaque année, c'est-à-dire alternativement par six et par sept. A ce nombre de treize, si mal vu par la superstition, se rattachait au contraire une idée religieuse, car il rappelle le Sauveur entouré de ses douze apôtres et formant le foyer des véritables lumières. Ces bourses s'obtenaient dans un concours public, ouvert entre élèves qui venaient d'achever le cours de rhétorique : c'était en réalité le prix d'honneur. Mais M. de Matignon, dont le cœur était large et les idées élevées, n'avait pas voulu que le concours fut restreint aux seuls élèves du collège. La lice au contraire était ouverte à tous ; mais, à mérite égal, les Marseillais obtenaient la préférence. Il résultait de là une émulation utile, et cette disposition avait pour effet en outre de faire pénétrer les bienfaits de l'instruction jusque dans les régions les plus pauvres. Sur les listes des lauréats indiquant les lieux de leur naissance, nous voyons figurer, à côté des grandes villes, telles que Marseille, Aix, Toulon, Arles, Digne, les plus humbles localités de la Provence, Thorame, le Castelet, Barlès, Entrevaux, Tourves, Sainte-Tulle. Indépendamment des prix décernés, deux accessits étaient désignés, car il arrivait plus d'une fois que ceux qui avaient remporté des prix, y renonçaient dans la seconde année, ou même dans la première pour se diriger vers la carrière commerciale, et dès lors ils étaient remplacés par ceux qui avaient obtenu les accessits. La première année, on étudiait la logique et la métaphysique, la seconde année était consacrée à la physique, à la chimie et aux mathématiques. Ce cours d'études était donc vraiment complet. Les compositions pour le concours avaient lieu vers la fin d'août, terme de l'année scolaire, et la proclamation des lauréats se faisait le 18 octobre, fête de Saint-Luc, avec solennité. M. de Matignon avait même réglé la formation du bureau chargé de prononcer sur le mérite des con-

currents. Ce jury était composé de trois députés du Chapitre de la cathédrale, trois de l'abbaye Saint-Victor, deux du Grand-Séminaire dirigé par les Lazaristes, un du conseil de ville, du supérieur de l'Oratoire, et du Préfet du collége (1). Tout avait été si sagement combiné que la plus exacte impartialité présida toujours à ces décisions. C'est ce qu'atteste, dans l'histoire de Bossuet, M. de Bausset, ancien évêque d'Alais :
« Jacques de Matignon, dit-il, fonda des bourses dans le collége de
« Marseille, *et nous avons été témoin des biens infinis que cette fondation*
« *avait produits jusqu'à ces derniers temps*. Ces bourses étaient distribuées
« au concours avec un discernement et une équité remarquables (2) ».

La reconnaissance envers M. de Matignon fut unanime et expressive : pour rendre hommage au donateur, en honorant les vainqueurs du concours, on appela ceux-ci les *Matignon*. A partir de 1779, Grosson, dans ses annuaires, nous a conservé leurs noms en remontant jusqu'à 1777. Nous en citerons quelques-uns, ceux surtout dont le souvenir doit être précieux à des familles encore subsistantes : en 1777, Julien-Antoine Estrangin, d'Arles ; Jean-Laurent-Gabriel Seyras, de Marseille ; en 1778, Jean-Baptiste-Joseph Miollis, d'Allauch ; en 1780, Rostand, de Marseille ; en 1781, Roubaud, de Barjols ; Barbaroux, de Marseille ; Régis de Cotignac ; en 1782, Revest, du Castelet ; en 1784, Auguste Chirac, de Marseille, qui fut membre de notre Académie ; en 1785, Rollandin, de Marseille ; en 1787, Lazare Chirac, Antoine Burel, de Marseille ; Joseph Roustand, de Forcalquier, longtemps juge au tribunal de Marseille ; en 1788, Antoine-Laurent Tassy, d'Aix ; J-B-Jh Grange, de Marseille (3).

M. de Matignon n'était pas homme à s'arrêter dans les voies de la générosité ; quelle qu'eût été l'importance des dons qu'il avait faits, il semblait que de sa part un bienfait accordé en appelait un nouveau. Peu d'années après 1719, la ville de Marseille se trouvant obérée, M. de Matignon lui prêta une somme qui n'était pas moindre de soixante mille livres, sans aucune espèce d'intérêt. Nous ne connaissons pas la date précise de ce prêt, qui paraît n'avoir pas été constaté par un acte authentique. Tout nous donne à penser que ce fut à la suite de la peste de 1720 que la commune eut besoin de ces fonds. Les consuls remirent à M. de Matignon, qui s'en contenta, leur engagement par écrit, et cet emprunt devait être remboursé le 1er juin 1725. (4). Il leur avait en outre confié d'autres sommes dont le montant n'est pas indiqué. Ces détails résultent d'un acte de dernière volonté où il réglait, en majeure partie au profit des pauvres, l'emploi des fonds que la ville devait lui restituer.

Au commencement du mois de mars 1725, après un long séjour qu'il avait fait à Paris, il se trouvait à Marseille et se disposait à partir pour Rome (5) ; des motifs de conscience l'y conduisaient. Un voyage

---

(1) Grosson. *Annuaire* 1770 et suivants.
(2) Monseigneur de Bausset, *Hist. de Bossuet*, liv. III, § 10, note; t, 1.p. 267
(3) Grosson. *Annuaires* 1779, et suivants.
(4) Testament du 23 mars 1725.
(5) Même testament du 23 mars 1725.

si fatigant à son âge, car il avait alors quatre-vingt-deux ans, témoigne de son fidèle attachement au Siége apostolique.

Nous retrouvons M. de Matignon à Marseille au mois de juin suivant, et son amour croissant pour les pauvres s'y déployait dans des proportions vraiment grandioses.

L'Hôtel-Dieu tombait en ruines et, depuis plusieurs années, on songeait à le reconstruire en le développant et l'élevant dans une position plus aérée ; mais, dans ces temps malheureux, les ressources faisaient complètement défaut. M. de Matignon conçut la pensée de consacrer cent mille livres à cette reconstruction, et il annonça l'intention de faire don immédiatement de cette somme. A cette nouvelle, le Bureau des hospices s'émut ; quatre de ses membres, J.-B.-Ignace Roux, J.-B. Fabron, Antoine Rostagny et Mathieu Ricard, furent délégués pour accepter la dotation et souscrire les actes nécessaires dans le but de réunir divers hôpitaux. Le Bureau s'empressait en même temps d'aller en corps remercier l'illustre bienfaiteur et l'assurer de la reconnaissance des indigents (1).

Cet acte remarquable fut passé le 15 juin 1725, devant M⁰ Cuzin, notaire, avec le concours des administrateurs des hospices, à cet effet délégués et en présence du lieutenant-général de la sénéchaussée et des échevins Cordier, Mallet et David. M. de Matignon y déclare que, « voulant donner des marques efficaces de la résolution qu'il a prise de- « puis quelque temps de concourir essentiellement au soulagement des « pauvres enfermés dans l'Hôtel-Dieu, sous le titre du Saint-Esprit et de « Saint-Jacques-de-Gallice, non seulement pour leurs besoins journaliers, « mais même pour leur procurer un logement plus convenable, » il fait don de cent mille livres. La moitié de cette somme fut employée à l'achat des terrains pour les nouvelles constructions ; les autres cinquante mille livres furent placées sur la commune de Marseille, qui, jusqu'au moment de leur emploi, servit aux hospices la rente annuelle de deux mille cinq cents livres (2).

Il semble que la charité pressât en ce moment M. de Matignon de tous ses aiguillons, car le 19 du même mois de juin, il y ajoutait un nouveau don de vingt mille livres (3). Dans l'acte qui fut passé chez le même notaire, il exprime hautement le but qu'il veut atteindre. « Ayant reconnu, « dit-il, la nécessité de reconstruire l'hôpital, ce qui l'a déterminé à faire « donation de cent mille livres, il a considéré que cette opération ne pou- « vait assez tôt être mise à exécution. Voulant de son chef y coopérer de « tout son possible et marquer l'empressement avec lequel chacun doit « se porter à l'accomplissement d'une œuvre si nécessaire et si conforme « à l'esprit de notre religion, il a résolu d'amplier sa première donation « *dans l'objet d'accélérer le commencement de cette entreprise,* espérant qu'a- « près le commencement, la divine Providence ouvrira assez de moyens « en faveur des pauvres pour le parachever, » il donne en conséquence

---

(1) Archives des hospices de Marseille, Reg IV, B. 8, p. 22 ; Augustin Fabre, *Histoire des Hospices*, t. I, p. 466.
(2) Même registre, p. 63.
(3) Même registre, p. 25.

20,000 livres, qui ne seront cependant comptées que lorsque la construction aura été commencée. Ainsi ce don n'était pas seulement une nouvelle faveur, c'était encore un moyen par lequel il espérait stimuler les administrateurs pour mettre plus tôt la main à l'œuvre, les particuliers pour y concourir par tous leurs efforts. Mais son zèle ne rencontra pas l'élan auquel il espérait donner l'impulsion, ou peut-être les circonstances secondèrent-elles mal la volonté générale, bien des années s'écoulèrent encore avant que cette reconstruction si désirée pût être entreprise. Ce n'est que le 4 septembre 1753 que fut posée la première pierre (1). Le nouveau bâtiment, sur les plans de Mansard, neveu du célèbre architecte, auteur du dôme des Invalides, s'éleva lentement sous l'inspection de l'architecte Dageville. C'est seulement en 1780 qu'était construit, d'après les plans de l'architecte Brun, le grand escalier si hardi dans son assiette, si large dans ses proportions. C'est là qu'on s'était arrêté, et Marseille a vu longtemps son hospice restreint dans sa demi construction, obstrué d'édifices parasites. Mais tout récemment l'œuvre a été enfin reprise et dans ses parties principales achevée le 15 novembre 1866, sous la direction de M. Félix Blanchet, architecte, par les soins de MM. Tollon, Roux Marius, Tournaire, Rouvière, Eugène Rozan, Massol d'André, Seren, D Coste, Jules Pastré, Augustin Fabre, Bernex, Charles Roux et Jules Grandval, administrateurs. La portion, au nord, reste encore à faire, mais tel qu'il est, l'hospice développant au midi sa façade simple et majestueuse, ouvrant en face d'un magnifique panorama les larges baies de ses galeries, puissamment aéré, brillamment éclairé, se présente noblement. Les malheureux peuvent se dire que ce palais est digne d'eux : qu'ils n'oublient pas que Jacques de Matignon en a fondé les premières assises !

Ces pieuses largesses ne furent pas du reste limitées à Marseille ; M. de Matignon les étendit également à d'autres localités envers lesquelles sa conscience se tenait pour redevable, parce qu'elles dépendaient de son abbaye. Ainsi, vers la même époque, c'est-à-dire en 1725 et 1726, il entreprit de rebâtir, à ses frais, dans une excellente position, l'hôpital de La Ciotat, et il laissa dans son testament des fonds pour l'achever, comme il en légua pour les hospices de la Seyne, d'Auriol et des autres localités qui relevaient de lui (2).

Sur ces entrefaites, il se rendit auprès de sa famille à Paris. Vers la fin de l'automne 1726, il s'y trouva gravement malade. On est touché en voyant l'impression que sa bonté avait produite sur tous les cœurs. Dès qu'on apprit à Marseille une si fâcheuse nouvelle, le Bureau des hospices étant en séance, le 5 décembre 1726, l'administrateur semai-

(1) Grosson, *Annuaire* 1784. p. 104. Augustin Fabre. *Histoire des Hospices*, t. I, p. 476 et suivantes.

(2) Testament du 23 mars 1725.

Désireux de ne laisser à l'écart aucun des faits que j'ai pu recueillir au sujet de M. de Matignon, je crois devoir consigner ici qu'il avait concouru le 18 octobre 1705, au sacre de François Madot, évêque de Châlons, et le 22 mai 1714, à celui d'Antoine Fagon, évêque de Lombez. Dans ces deux occasions solennelles, il assistait le cardinal de Noailles, archevêque de Paris, prélat consécrateur. *Gall. Christ.* t. IV, p. 949 et t. XIII, p. 328.

nier représenta à ses collègues que M. de Matignon était dangereusement malade à Paris, « que les bienfaits de cet illustre prélat envers « l'Hôtel-Dieu exigeaient de l'attention et de la reconnaissance du Bu- « reau, de demander à Dieu, par des prières, la cessation de sa mala- « die et le rétablissement de sa santé, si précieuse aux pauvres. » Là dessus, l'administration décida qu'on offrirait chaque jour le sacrifice de la messe dans l'église de l'hôpital pour demander à Dieu sa guérison (1).

Mais la mesure du bien qu'il devait faire était comble, et l'heure allait sonner où cet économe diligent devait recevoir le salaire de sa gestion fidèle. Sa maladie alla donc en empirant. Le 14 mars 1727, il fit appeler dans l'hôtel de sa famille, où il était logé, Me Sauvageon, notaire, qui consigna ses dernières volontés.

Ce codicile confirmait, avec quelques dispositions nouvelles, les deux testaments qu'il avait lui-même tracés de sa main, l'un le 30 septembre 1719, le second le 23 mars 1725, à la veille de son départ pour Rome (2).

On est saisi de respect à la lecture de ces pages où se révèlent toute la bonté, la sagesse et les sentiments pieux du testateur. Il y nomme ses parents à qui il ne laisse qu'un don insignifiant de dix francs par personne, car, dit-il, ils sont riches, et il entend, suivant les inspirations de sa conscience, tout employer en aumônes et en bonnes œuvres. Il partage, en conséquence, son héritage en deux parties. La première appartiendra au diocèse de Condom, et pour en surveiller l'emploi, il nomme comme exécuteur testamentaire Mgr Milon, son successeur dans ce siége épiscopal. Ces sommes seront affectées à fonder des places dans le séminaire, elles doivent servir en outre pour l'hôpital de la ville de Condom et *pour établir de petites écoles* dans ce diocèse. Cette disposition est remarquable : ainsi celui qui à Marseille a si libéralement doté l'enseignement supérieur, n'oublie pas les enfants, et il est à Condom le fondateur d'un enseignement primaire.

Quant à la seconde moitié de son héritage, elle est dévolue à Saint-Victor et à Marseille. M. de Gaufridi, avocat-général au parlement de Provence, est, pour cette partie, son exécuteur testamentaire. Nous avons déjà rapporté ses dispositions en faveur des hospices de La Ciotat, de la Seyne, d'Auriol et d'autres lieux de sa juridiction, celle pour la continuation, pendant une année, de ses étrennes aux pauvres, et celle pour la fondation d'un lit de plus dans l'asile des Incurables. Il ajoute 6,000 livres aux sommes qu'il a données pour l'établissement des bourses au collége de l'Oratoire. Des gratification sont faites à ses domestiques. Le produit de ses meubles, qui seront vendus, sera distribué aux pauvres de son abbaye. Quelques dispositions témoignent de sa dévotion profonde envers la divine Eucharistie. Diverses sommes doivent être employées en achat d'ornements, d'autres pour l'embellissement de la crypte de Saint-

---

(1) Archives des hospices de Marseille, Reg. IV, E. 12 ; — p. 13. Augustin Fabre *Histoire des Hospices*, t. I, p. 470.

(2) Les copies de ces testaments se trouvent dans les archives des Bouches-du-Rhône : Archives de Saint-Victor, n° 645. Liasse Saint-Victor, Chartes 640 à 649.

Victor. Quant à ses funérailles, il entend qu'elles aient lieu *sans aucune cérémonie*; il veut *être inhumé comme un simple prêtre*. A plusieurs reprises il témoigne le désir de reposer dans un tombeau creusé devant la grille du sanctuaire, dans le souterrain de St Victor, et il laisse au monastère une somme, tant pour la fondation de services obituaires que pour droit de sépulture. Ce choix était l'effet d'un attachement religieux envers cette crypte qui, dans les premiers temps du christianisme, servait aux assemblées des chrétiens et où tant de martyrs furent inhumés. C'est ce que rappelle le titre de Notre-Dame-de-Confession, ou, pour mieux dire, Notre-Dame-des-Martyrs, et, dans les siècles passés, la vénération pour ces lieux était telle, qu'Urbain V, venant consacrer l'autel de l'église supérieure, qu'il avait fait entourer de fortifications, voulut faire à pied, à l'aller et au retour, le voyage entre Avignon et Marseille (1). Quoi de plus convenable que M. de Matignon fût enseveli dans une ville où il avait fait tant de bien ! Quoi de plus légitime que son désir fondé sur les motifs les plus pieux ! Ce vœu ne fut pourtant pas accompli, tant y a de fragilité et souvent de déceptions dans les projets de notre faible nature !

Le samedi, 15 mars 1727, Jacques de Matignon rendit son âme à Dieu ; il était âgé de quatre-vingt-quatre ans moins deux jours. Il mourut dans l'hôtel de Matignon, rue Saint-Dominique (2), et fut inhumé dans l'église Saint-Sulpice à Paris (3).

Heureux celui qui, dans le champ de la bienfaisance, sème à pleines mains les dons que le ciel lui a confiés : il recueillera, au milieu des bénédictions, une moisson sans mesure. C'est ce qui s'est entièrement réalisé pour l'abbé de Matignon. Tandis que, dans les demeures éternelles, il recevait cette récompense à laquelle seule il aspirait et qui dépasse toutes les limites de l'entendement humain, les bénédictions de ceux dont il avait été le bienfaiteur s'élevaient autour de son tombeau.

La ville de Marseille proclama sa reconnaissance : les échevins voulurent avoir sous leurs yeux les traits d'un homme qui avait si bien mérité de la cité : son portrait fut placé dans la salle consulaire, et longtemps il fut signalé au nombre des œuvres d'art sur lesquelles on appelle l'attention des voyageurs (4).

Le Bureau des hospices voulut aussi posséder le portrait *de cet homme de bien* (5). Ce tableau remarquable existe encore, il est placé dans la salle de l'administration, à l'hospice de la Conception, à côté du portrait de M. Louis Borrély qui, en 1766, avait fait un don d'une certaine importance pour la construction de l'Hôtel-Dieu, et en face de celui du docteur Antoine Aubert, médecin distingué, qui à lui seul créa, en 1772,

(1) Ruffi; *Hist. de Marseille*, liv. xi, § 9, t. II, p. 119-120.
(2) Testament du 14 mars 1727.
(3) De la Chenaye, t. VII, p. 366. *Gallia Christiania*, t. IX, p. 633.
(4) Grosson, *Annuaire* 1773, p. 296, et *Annuaires* suivants, art. curiosités remarquables.
(5) Voir délibération des bureaux de l'Hôtel-Dieu aux archives des hospices, Reg. 9, f° 79. Augustin Fabre, *Hist. des Hospices*, t. I, p. 481.

l'hospice du Sauveur, l'établit dans un local à l'angle de l'île des Allées et le dota de plus de deux cent mille livres.

Chaque année, la proclamation des noms des vainqueurs, dans le collége de l'Oratoire, rappelait à la reconnaissance publique le nom de M. de Matignon.

Mais tout est éphémère ici-bas.

Le collége de l'Oratoire a été fermé. Ses élèves se sont l'un après l'autre éteints. Le portrait de M. de Matignon a disparu de l'Hôtel-de-Ville et n'a laissé nulle trace. Quant à celui des hospices, à peine s'est-il trouvé un témoin qui, reliant la chaîne des traditions, pût attester son identité (1). Ces salles mêmes, qui autrefois retentissaient annuellement du nom de Matignon, après être restées longtemps muettes, ont fini par s'anéantir sous le marteau du niveleur.

J'ai cru qu'il convenait de réveiller ces échos. J'ai pensé qu'à l'Académie, par l'organe de celui à qui elle a bien voulu confier l'honneur insigne de la représenter cette année, il appartenait d'entourer de quelque éclat la mémoire d'un homme qui s'était montré si grandement généreux envers notre ville, si splendidement libéral envers les sciences et les lettres.

Le dirai-je ? Un motif plus intime m'a encore conduit. Mon père fut le dernier survivant des élèves de l'Oratoire à Marseille. Il avait été *Matignon*, et c'était peut-être, après la qualité d'académicien, le titre qui le flattait le plus. En 1791, achevant sa rhétorique à treize ans et demi, il fut proclamé lauréat et il fit en cette qualité son cours de philosophie. Mais il ne put aller plus loin, car les portes du collége furent fermées en juillet 1792, et il regretta toujours d'avoir été privé des études scientifiques. Vous savez avec quel soin religieux il s'est attaché à remettre en lumière les nobles personnages qui, surtout vers le siècle dernier, ont par leurs actions mérité de vivre dans les souvenirs de Marseille. Entre le *chevalier Roze*, *le père Milley*, *le père Feuillée* et *Nicolas Compian*, *Jacques de Matignon* avait sa place marquée. Il était donc naturel que mon père songeât à écrire son éloge ; son cœur l'y portait : c'était pour lui un devoir de reconnaissance. J'ai essayé de l'accomplir en son nom.

---

(1) C'est M. Jules Chaudoin, secrétaire en chef des hospices, qui m'a fourni les indications relatives à ce portrait, et il les tenait lui-même de M. Conte, autrefois trésorier de la même administration. Du reste, l'identité de ce portrait est certaine, car il existe dans l'hospice de La Ciotat une copie de cette toile avec l'inscription des noms et qualités de M. de Matignon.

www.ingramcontent.com/pod-product-compliance
Lightning Source LLC
Chambersburg PA
CBHW060920050426
42453CB00010B/1827